Kirsten Lüders

Begegne dem Menschen – begegne dir!

Kirsten Lüders

Begegne dem Menschen – begegne dir!

Gedichte

Die Bibliografische Information der Deutschen Bibliothek
Die Deutsche Bibliothek verzeichnet diese Publikation in der Deutschen
Nationalbibliografie; detaillierte bibliografische Daten sind im Internet
über http://dnb.ddb.de abrufbar.

Einbandgestaltung:
Graphik Studio G, Mareile Gropengießer
Von Eichendorff-Str. 67b, 33106 Paderborn
Telefon (0 52 54) 66 30 41
www.graphik-studio-g.de

Herstellung und Verlag:
Books on Demand GmbH, Norderstedt
© 2008 Alle Rechte vorbehalten

ISBN 978-3-8370-4601-4

Inhaltsverzeichnis

Ermunterungen, Wünsche und Bitten von Freunden und Bekannten, die mir bei dem einen oder anderen geäußerten Gedanken Gehör und ihre Zeit schenkten, haben mich schon 1982 – 1988 während meiner Studienzeit veranlasst, meine Gedanken nicht mehr länger der Schublade, sondern der Öffentlichkeit anzuvertrauen.

Ein Großteil der damaligen Gedichte entsprang Tiefpunkten meines Lebens – dabei die Originalschrift fast unleserlich. Als den »tiefsten Punkt« empfand ich damals »den Boden«, auf den ich immer wieder fiel – und auf dem ich immer wieder versuchte zu stehen. Heute meine ich zu wissen, dass das Leben doch noch mehr Geheimnisse bietet als das, was für unseren kleinen menschlichen Verstand zwischen dem Boden unter unseren Füßen und dem Himmel über unseren Köpfen fassbar ist.

Bis auf ein paar selbst zusammengeheftete Gedichtbände, die ich damals als Geschenke unter Verwandten, Freunden und gute Bekannte verteilte, die dann den einen oder anderen Vers daraus hier und da auf einer Beerdigung, Hochzeit oder sonstigen offiziellen Feierlichkeiten zitierten, beließ ich es schließlich dabei. Es war mir damals auch irgendwie unangenehm, mein Innenleben der Öffentlichkeit darzulegen. Inzwischen meine ich, die innere Stärke gefunden zu haben, um auch Fremde an diesen Gedanken teilhaben zu lassen, zumal solche Gedanken wohl den meisten Menschen nicht fremd sind.

Nach dem Abschluss meines Studiums, Berufsstart, Familiengründung und Existenzaufbau plätscherte das Leben so dahin: Die Kinder gediehen, Haus und Garten erstrahlten nach reichlichen Renovierungsmaßnahmen in einem charmanten, neuen Antlitz, mindestens zweimal im Jahr fuhr die Familie in Urlaub, beruflich wurde der Faden immer schön in der Hand gehalten und zunehmend festgezurrt. Statussymbole des mittelständischen Wohlstandes vermittelten uns die gewisse Sicherheit, »es geschafft zu haben«.

Dies liest sich für so manchen wie ein Märchen – die perfekte Inszenierung der »Heile-Welt-Werbung« in den Spielfilmpausen. Klar, wenn man doch einen gewissen Status bei geistiger und körperlicher Gesundheit im Leben erreicht hat, sollte man sich dankbar und glücklich schätzen können. Doch mal ganz ehrlich: Wer fühlt schon wirklich dieses vollkommene Glück in sich? Wird dies nicht eher immer wieder durch unsere Anspruchshaltung, unser Ego, in Frage gestellt?

Vielleicht sind es ja doch nur die kleinen, aber doch sehr intensiven Glücksmomente, die, in ihrer Summe, dem Menschen bis zu seinem letzten Atemzug als das eigentliche Glück begegnen, was wir aber leider allzu oft verkennen, weil wir nach Größerem Ausschau halten. Wir übersehen uns dabei selbst, die Größe und das Licht in uns, stellen es in einem uns unbewussten Zustand in den Schatten und heben die Dinge, die uns persönlich groß erscheinen, in den Vordergrund.

Stellen diese unter großen Anstrengungen oder manchmal auch gar nicht erreichbaren großen Ziele wirklich »das« Glück dar?

Ist Glück das, was uns die Konsumgesellschaft als erstrebenswert und erfüllend vor Augen hält?

Dann würde uns das Glück wahrlich nur sehr selten begegnen, weil es für viele so kaum oder gar nicht erreichbar ist.

Lassen wir die großen, vergänglichen – daher auch nichtigeren – Dinge einmal außer Acht und konzentrieren uns in Dankbarkeit auf die kleinen Zeichen, verkehren wir also einmal die »Wichtigkeit«, dann addieren sich die kleinen Erfolge und Glücksmomente letztlich zu einer viel größeren Summe, als wir uns je zu erhoffen wagten.

Diese Summe bringt uns dem ICH, dem GANZEN, dem wahren Glück viel näher. Aber dazu ist erst einmal Umdenken angesagt!

Und vielleicht findet der eine oder andere Leser in dem einen oder anderen Gedicht einen Hinweis für sich, wie auch er seinen Faden auf der Suche nach Zufriedenheit und Glück aufnehmen kann.

Mein besonderer Dank gilt meinen Kindern Svenja und Luca, die mir mit ihrer noch natürlichen Unbefangenheit das einfache Glücklichsein und spontane, ungetrübte Freude vorleben. Danken möchte ich meinen Eltern, die mir ein Vorbild an Weltoffenheit und Kreativität sind.

Und ohne meine Freunde, deren kritische Einwürfe und wohlwollende Ratschläge mich immer wieder zum Reflektieren anregten, wäre dieses Büchlein wohl auch nicht entstanden.

An dieser Stelle möchte ich insbesondere die Auseinandersetzungen und Begegnungen mit Wolfgang, einem für mich sehr wichtigen Begleiter während meiner Entwicklung, als treibende Kraft für die Niederschrift meiner Gedanken würdigen.

Kirsten Lüders

Gedichte

Appell zur Rettung der Gedichte

Du denkst, Gedichte sind veraltet,
werden von Alten nur verwaltet,
weil du nur am Computer sitzt,
die Zeit dir aus den Händen flitzt,
dein Geist nur wissenschaftlich denkt,
der Trend dich zur Moderne lenkt,
das gute Geld verdient sein will.
Sich abzuheben – das hat Stil!
Schlager hörst du alle Tage,
vernimmst die Botschaft – keine Frage!
Doch was ist dran an einem Buch?
Papier und Zeilen sind ein Fluch,
der dir die Zeit des Lebens raubt,
im Regal gar nur verstaubt.
Oft liegt des Lebens geist'ge Würze
erst recht in eines Verses Kürze!

Das Leben zählt

Was bin ich für ein armer Tropf,
nur Zahlen schießen durch den Kopf.
Das Glück liegt nicht auf einer Bank,
denn zahlt das Leben, macht dies krank.
Doch Lebenszahlen dürfen wählen,
wissen von Pfaden zu erzählen,
bestimmen jeden eignen Weg,
mal geradeaus und dann mal schräg.
Addiere ich auch noch so viel –
führt Reichtum denn ans rechte Ziel?
Und wenn ich viel zu wenig hab:
führt das mich schneller denn ins Grab?
Rechne ich zwischen Minus – Plus,
stellt sich erst recht ein der Verdruss,
denn Zählen ist allein kein Maß …
Das Leben selbst zählt – ich vergaß!

Sorgenballast

Trag ich an Sorgen noch so schwer,
will ich nach vorne sehen!
Ich will des Kummers Last nicht mehr,
will ohne Schmerzen gehen.

Mir scheint der Weg unendlich weit
und Schritte zähl ich viele.
Nun ist es endlich an der Zeit
zu treten aus der Mühle.

Kein guter Zauber mich umgibt –
das dachte ich bis eben.
Ich war es, die sich selbst belügt,
doch will ich mir vergeben.

Der erste Schritt ist nun getan,
mich liebevoll zu fühlen.
Beim zweiten schon geht's mit Elan:
Sehnsüchte in mir wühlen.

Ich hab genug, lass sie heraus –
begegne meinem Leben!
Und was ich will, fliegt mir ins Haus –
es ist ein wahrer Segen!

Mit andern Augen nehm ich wahr,
was ich bisher bereute.
Was gestern noch an Sorgen war,
das sind Geschenke heute.

Hab Dank, oh du mein guter Geist,
der in mir innewohnt,
der mich mit Freuden täglich speist
und gute Wünsche reich belohnt.

Jetzt und Hier

Ich lebe hier in Raum und Zeit
und mach mir meinen Reim:
Auf Bilder der Vergangenheit
da fall ich nicht mehr rein.

Sie fressen nur die Seele auf
und stehlen mir das IST.
Wer jetzt nicht lebt, der geht bald drauf,
weil er sich selbst vergisst.

Was morgen kommt, das weiß allein
doch nur der liebe Gott!
Auf was kann ich mich denn noch freun,
wenn mich heut' holt der Tod?

Wozu sind Sinne nur gemacht,
wenn wir sie nicht gebrauchen?
Gedanken kommen in der Nacht,
um dir den Tag zu rauben.

Vergiss den Schmerz, nimm das, was war:
Erfahrung ins Gepäck –
und sammle ein das IST als wahr,
denn hierin liegt der Zweck!

Was kümmert's mich, was morgen läuft?
Das Jetzt will ich erleben!
Wenn Wunschdenken den Geist ersäuft,
dann läufst du nur daneben.

Drum hör ich auf das Kind in mir,
so klar, so frei, so rein.
Ich fühle mich im Jetzt und Hier
und lass die Welt hinein.

Politik und Religion

Die Politik ist nur ein Trick,
um Menschen zu verwirren.
Sie macht uns glaubhaft mit Geschick:
»Das Anderssein heißt irren.«

Auch Religion ist nur ein Spiel,
das sich an Macht erfreut.
Den Geist zu fesseln ist ihr Ziel!
Wer anders denkt, bereut.

In Wahrheit braucht die Politik
die großen Worte nicht und Geld!
Einzig allein das stille Glück
in der Gemeinschaft zählt.

Und Glaube wächst ganz unten tief
aus deinem Herzen raus.
Die Kraft, die uns zum Glauben rief,
brauchte kein Gotteshaus!

Denn dieses ist doch nur gemacht
allein von Menschenhand.
Der Gott in uns darüber lacht –
Gesetz lenkt den Verstand …

Des Menschen Freiheit ist gefährlich
für Macht und Gier nach Geld.
Liebe ist Gott, denn sie ist ehrlich –
zu allen in der Welt.

Ballspiel

Du hechtest übers Fußballfeld,
den Ball des Gegners nichts mehr hält.
Oh nein – so'n Mist – er trifft ins Ziel!
Dies Tor von ihm ist dir zu viel.

Du hoffst auf deinen Mannschaftsgeist,
sich schon ein Trick in dir verbeißt.
Der Gegner – längst kein Spielfreund mehr,
doch ohne ihn kämst du nicht her!

Das Spiel geht weiter
– nicht mehr so heiter –,
siehst nur den Feind,
so wie's dir scheint.

Die andre Richtung liegt nun vor,
zwei Schritt noch … dann von dir ein Tor?
Doch greift von rechts der Gegner an,
dein linkes Bein stellst du voran.

Verfluchter Scheiß, der Ball ist weg!
Was bleibt, ist nur ein blauer Fleck.
Es schmerzt nicht nur dein linker Fuß,
auch noch des Richters roter Gruß …

… der dich auf die Ersatzbank schickt,
wo dich dann noch dein Ego drückt.
Jetzt bleibt dir Zeit zum Denken viel
und Sehen: Es ist nur ein Spiel!

Selbst geführtes Schicksal

Wenn Liebeskummer dich erdrückt,
dein Chef dich noch nach Hause schickt,
dein Auto nicht mehr fahren will
und auch das Telefon bleibt still,
wenn Freunde nicht mehr nach dir fragen,
nur Saures stößt aus deinem Magen,
die Stromrechnung flattert ins Haus,
doch deine Bank rückt nichts mehr raus,
beim Essen spritzt Tomatensoß'
auf deine frisch gewasch'ne Hos',
dann noch ein Knopf vom Hemd abspringt,
dein Nachbar schräge Töne singt,
dir einfach gar nichts mehr gelingt:
Dann zieht's dich in des Schicksals Strudel
wie ein nass begoss'ner Pudel.

Du fühlst dich nur vom Pech verfolgt,
die Seele bis zum Abend grollt,
um schon am nächsten Morgen
dir neuen Kummer zu besorgen.
Wer hat die Hände da im Spiel,
der für dich kein Glück mehr will?

Hey Mensch, schau dich doch einmal an –
ziehst dich doch selber in den Bann!
Wer nur dunkle Gedanken hegt
und damit nur sein Unglück pflegt,
der braucht sich nicht im Groll zu winden,
wenn Glück und Freude bald verschwinden.

Die Wende in dem Unglücksspiel
folgt dem Wandel vom Gefühl:

Besinnst du dich auf dich allein,
kannst du dich ganz am Dasein freu'n,
suchst nicht nach Antworten von andern,
die zweifelnd dein Gemüt durchwandern,
dann fliegt dir inn'rer Frieden zu
und mit ihm tief im Herzen Ruh.
Aus dieser schöpfst du neue Kraft,
die Freude bringt und Hoffnung schafft,
dich dann mit gutem Geist belebt,
der dich zum Glücke hinbewegt.

Und dies wächst nur aus dir heraus,
weckst du es mit Verstand:
Sperrst du dunkle Gedanken aus,
erreichst du allerhand.

Jetzt wird es Zeit

Ich sitz allein am Küchentisch
und schlürf 'ne Tasse Tee.
Im Magen grummelt's fürchterlich,
links in der Brust tut's weh.

Woher kommt nur der ganze Scheiß?
Ich hab doch nichts getan!
Das ist es wohl, so viel ich weiß,
nur planlos Zeit vertan.

Jetzt wird es Zeit,
halt's nicht mehr aus,
ich bin bereit –
ich reiße aus!
Reiß aus von mir,
will öffnen jede Tür
ins Lebenselixier
und stelle selbst erkennend fest:
Das Glück, es ruht in mir.

Und doch fehlt mir die Kraft!
Wie hab'n die andern das geschafft?
Wo liegt des Pudels Kern?
Ich wüsste es so gern!

Ich weiß nicht, wie ich's angehn soll …
Wie greife ich mich an?
Die Seele führt ein Protokoll,
das ziehe ich heran.

Jetzt wird es Zeit,
lass endlich los
das alte Leid!
Es wartet bloß …
… wartet bloß ganz still,
das in mir schreit „ICH WILL!"
… ein anderes Gefühl,
und hake ab und hake ab
die Wut, den Schmerz, den Müll.

Der Berg, er schwankt, die Erde bebt,
die Flut schwappt über mich.
Ich fühl mich krank, die Angst, die lähmt
den Wandel meiner Sicht.

Und doch gibt's nur den einen Weg
aus dem Dilemma raus,
zu finden diesen schmalen Steg,
der mich da führt hinaus.

Jetzt wird es Zeit,
lass endlich los
das alte Leid!
Es wartet bloß …
… wartet bloß ganz still,
das in mir schreit »ICH WILL!«
… ein anderes Gefühl,
und hake ab und hake ab
die Wut, den Schmerz, den Müll.

Den findet jeder für sich selbst,
wenn er nur in sich hört:
Nicht fördern, was das Ego schätzt,
verlassen, was uns stört!

Gerecht sind die Gedanken nie,
wir müssen nur sortieren!
Und zwingen sie mich in die Knie,
will ich sie ignorieren!

Jetzt wird es Zeit,
halt's nicht mehr aus!
Ich bin bereit –
ich reiße aus!
Reiß aus von mir,
will öffnen jede Tür
ins Lebenselixier
und stelle selbst erkennend fest:
Das Glück, es ruht in mir!

Ameisenglück

Ich sitze auf der Treppe,
lausche dem Plätschern
der springenden Karpfen im Teich,
beobachte eine Ameise,
wie sie an der Hauswand hinaufläuft,
bis zur oberen Begrenzung des Hauseinganges –

sie fällt –
sie lässt sich fallen?
Ich sorge mich um sie,
dass sie sich verletzt haben könnte.

Doch unbeirrt
sucht sie einen neuen Weg.

Ich wünschte,
ich wäre eine Ameise!

Nebelstreif

Ein Nebel zieht über das Tal
und hüllt den Duft der Gräser und Kräuter ein,
die noch am Mittag in der Sonne meine Sinne betörten.
Die Farben verschwimmen in einem neutralen Grau.
Ich traue mich nicht,
dieses beklemmende Schweigen zu durchbrechen.

Ist es Ehrfurcht oder Angst vor der Stille?

Ist es nur der Schutzgedanke der Natur,
sich alle Eindringlinge
von diesem bedeckenden,
mit mystischem Schweigen umschließenden Grau
fernzuhalten,
das dann in aller Ruhe bis zum nächsten Morgen
alte Farben, Düfte und Geräusche mitgenommen hat,
um wieder neue erwachen zu lassen?

Und was nicht mehr da ist,
wird zu anderer Zeit,
an einem anderen Ort erscheinen.
Hinterherzureisen wäre,
wie den Anfang und das Ende eines Regenbogens
zu suchen.

Also bleibe ich in diesem Tal
und werde den Nebel
noch öfter kommen und gehen sehen müssen.

Farben der Wahrheit

Ein Tag wie jeder and're
und doch ist er es nicht.
In dem Bewusstsein wand're,
dass er die Wahrheit spricht.

Das Gestern sei Geschichte,
nur die Erinn'rung bleibt.
So sind auch die Gedichte
Erfahrungen der Zeit.

Die Wahrheit ist, was jetzt geschieht
– und das noch nicht einmal –,
weil filternd in den Köpfen spielt
das Ego ganz fatal.

Es drängt den Geist, manipuliert
die Wirklichkeit zu färben,
ist raffiniert, denn es verführt,
wird stets dein Sein umwerben.

Die wahre Liebe für das Sein,
für alles das, was ist,
kann uns vom Ego nicht befrein.
Sie hilft, dass man's vergisst.

Es lebt gern auf und sammelt Kraft,
wenn Wahrheit uns nicht schmeckt.
Mit List es Illusion erschafft
und scheinbar Wunden leckt.

Die Liebe und die Wachsamkeit
begrüße jeden Morgen.
Sie sind Garant für Einigkeit,
erleichtern deine Sorgen.

Der Sinn des Lebens kann nicht sein,
nur Gutes zu erhalten.
Er fordert von uns Menschen ein,
Konträres zu verwalten.

Das Kunstwerk SEIN hat nur zum Ziel,
die Gegenwart zu greifen
und in der Welt, im großen Spiel,
zur Göttlichkeit zu reifen.

Schwarz und Weiß

Wo nur Gutes zugelassen,
kann dies allein nicht sein,
denn das Schlechte auszuschließen,
lädt das Schlechte ein.

Den dunklen Geist zu unterdrücken,
rächt sich im Unbewussten gleich.
Urteile lassen auch ersticken –
mit Schlamm versinken sie im Teich.

Was oben an der Fläche schwimmt,
das scheint uns klar und rein.
Wenn Sediment nach oben dringt,
so trübt das Wasser ein.

Im Leben gibt es immer Zwei,
doch gibt's nichts zu besiegen.
Der Mitte ist das einerlei,
sie duldet keine Lügen.

Von Gegensätzen nicht befreit,
so spielt das Erdenleben,
zum Handeln stets mit Zwei bereit
– die Mitte zu erstreben –
da ist Vollkommenheit nicht weit,
doch die wird es nie geben!

Der unbewusste Konsument

Ich fahr so gerne Karussell,
Hauptsache, es ist schnell.
Im Auto trete ich aufs Gas,
da kenne ich kein Maß.

Gut essen tu ich gar zu gern,
mein Fett verhüllt den Kern.
Vom guten Wein will ich noch mehr,
kipp noch 'nen Klaren hinterher.

Wer liest, braucht Zeit – die hab ich nicht,
setz mich dafür vors Flimmerlicht
und pflege meine Beine
mit Nikotin alleine.

Auch Sorgen lasse ich nicht zu,
lasst mich doch allesamt in Ruh!
Wer Kummer und Probleme hat,
fahr zum Psychiater in die Stadt.

Im Urlaub bin ich König,
verlange nicht grad wenig,
denn schließlich bringt mein Geld das Brot
in Länder reich an großer Not.

Ich frage nicht, ich lebe nur.
Auch bei der Arbeit bleib ich stur.
Wenn's Glöcklein hat geschlagen,
will ich nach Hause fahren.

Und will die Alte heute nicht,
nehm ich 'ne andre in die Pflicht.
Es geht dabei nicht um Gefühle,
wenn ich im Speck der andren wühle.

Für die Gesundheit schmeiß ich ein
die vielen Pillen, bunt und klein.
Sonst wird der arme Doktor krank,
wenn er nichts hat auf seiner Bank.

Und geht's mir schlecht, dann weiß ich wohl,
mein Freund, das bleibt der Alkohol.
Der hilft mir beim Vergessen
so gut wie fettes Essen.

Wer meint, ich wäre schwach,
dem geb ich eins aufs Dach.
Denn Reden tut mir gar nicht gut,
es steigert nur die blinde Wut.

Ich bin ein Mensch, von Kopf bis Fuß
auf Konsum eingestellt.
Was soll ich mit der Liebe bloß,
denn Geld regiert die Welt!

Schönheitswettbewerb

Ist es ein Sport unserer Zeit,
dem Schönen zu erliegen?
Nur frag ich mich, was deligiert
uns selbst so zu betrügen?

Ich hör nicht mehr auf all die Stimmen,
die mich verführend suchen.
Die hohen Berge zu erklimmen,
tu ich schon längst verfluchen.

Der falsche Schein, der uns belehrt,
nur so wär'n wir vollkommen …
im Glanz vom Haus, vom Boot, vom Pferd
ist Wahrheit nur verschwommen.

Nur die Geburt lässt uns der Kinder Macht erkennen,
doch bald packt uns die schiere Gier,
treibt diesen Reichtum aus den Sinnen
und macht den Mensch zum Tier.

Oh Gnade dem, der einfach lebt
und einer Stimme folgt,
der Schönheit aus dem Herzen hebt
und wie ein Kind rumtollt.

Die Rose

Sieh dir eine Rose an!

Du denkst dabei ganz selbstverständlich
an eine aufgeblühte.
Hast du dich einmal gefragt, warum?

Warum fällt dem Auge allein die blühende Rose auf?
Sie hat dabei den Höhepunkt ihrer Entfaltung erreicht.
Und sie hat lästige Dornen.
Der Mensch wartet jedoch nur auf den Zeitpunkt,
bis sie endlich erblüht ist.
Erst dann meint er, sie richtig betrachten zu können.

Warum interessiert die meisten Menschen nicht
der junge, noch nicht erblühte Rosenstock,
in dem es, nach dem geheimen Plan der Natur,
noch arbeitet?
Aber wir Menschen können oder wollen
diese stille Arbeit nicht sehen …

Und so ist es mit dem Urteil über die Menschen ebenso:
Wir sehen nur die Blüte oder die Dornen
und sind blind
für sein Wachsen und Werden.

Wurzeln

Für einen Augenblick dachte ich,
es sei nur ein Moment
der Leichtigkeit,
eines sanften Windes.

Unvorbereitet legte sich
die Schwere eines Sturmes
über mich
mit all seinen unvorhersehbaren Folgen:

Er zerrt an meinen Wurzeln,
die sich Kräfte ringend
im trockenen Boden
festzuhalten versuchen.

Der moderne Student

Im Wohnheim der Studierenden
befällt mich Gänsehaut.
Nur noch Erinn'rung klebt hier drin.
Wer hat den Mut geklaut,
zu demonstrieren für das Recht,
das dem Studenten bleibt?
Die Meinung äußern ist nicht schlecht,
wenn man's nicht übertreibt!

Es werden Weichen früh gestellt
für braven Nachwuchs mit viel Geld,
den Klugen aus der armen Welt
Gebührendruck ihr Ziel vergällt.
Reformen schüchtern obendrein
die Lust des Lernenden noch ein.
Nur sturer Kampf ums Wissen
bedeutet bilden müssen.

Integrität und weite Sicht,
die sind hier nicht gefragt!
Nur emsig mitzutrotteln ist hier Pflicht –
wer sich heut wehrt, versagt!

Wo bleibt der Recht schaffende Wille?
Versprechender Konsumgenuss macht Stille …
Er hat sich gar der Macht gebeugt,
was nicht grade von Rückgrat zeugt.
Ihm fehlt des Studiums zweiter Sinn –
Weltoffenheit als Zugewinn!
Wo bleibt des Menschen Seele nur,
die nicht ausschert aus dieser Spur?

Die Spezies, die gezüchtet wird,
die macht mir Angst und Bang.
Noch lange geht nicht, der studiert,
den Weg der Weisheit lang!

Dies zahlt sich allemal dann aus …
Ihr werdet es noch sehn!
Die Inbalance im eignen Haus
lässt Geistesbildung rückwärts gehn.

So denk ich mir, du armes Land,
wo sind die Kontrahenten?
Courage und Weitblick bald verbannt
im mutlos emsigen Studenten.

Der schnellste Weg bringt nicht ans Ziel,
was die Erfahrung lehrt.
Wer im Erfolg auch Mensch sein will,
denke ruhig mal »verkehrt«.

Sei mal verrückt!

Komm, lass uns was Verrücktes machen:
Barfuß tanzen, lauthals lachen,
uns hinter Bäumen mal verstecken,
wie früher uns noch einmal necken
und sprinten dann im Huckepack,
die Wiese kullern wir hinab,
auf Reifen schlittern wir ins Tal,
was andre denken, ist egal,
wenn wir noch klettern wie die Affen,
lass andre, wenn sie wollen, gaffen.

Komm, lass uns auf Matratzen hüpfen,
dem faden Bürgertum entschlüpfen,
lass Kissen fliegen durch den Raum,
kein Alter hält uns noch im Zaum.

Verrücktsein oft erlernt sein muss,
weil der Erwachs'ne im Verdruss
das Kind in sich begraben hat,
sein Leben bügelt – viel zu glatt!

Verloren ...

... an dem Punkt,
wo's nicht mehr weitergeht,
zieht sich ein unendlicher Faden
vom Morgen bis zum Abend.

Selbst nicht mehr zu entwirren
– in Spannung –
windet er sich ungewollt ums Messer,
zerpringt
und bleibt als Tausend-Knoten liegen.

Liebe statt Krieg

Liebe, Geist und Verstand
– und das liegt längst auf einer Hand –
sind das Aus für Streit und Krieg,
der Menschheit wahrer Sieg.

Doch was der kleine Mann schon kann,
zettelt erst recht der große an.
Und wenn der 'ne Entscheidung fällt,
dann geht's doch meist ums liebe Geld.

Er kümmert sich nicht um die andern,
die mit Gepäck die Nacht durchwandern,
die flehen und die Not beklagen
als Resümee der Niederlagen.

Wo Eitelkeit und Macht zerstört,
was Seelen aus den Körpern zerrt,
das ist der Menschheit Niedergang –
der rechte Weg führt nicht hier lang!

Es ist nun wirklich an der Zeit!
Komm, großer Bruder, sei bereit,
der Niedertracht die Stirn zu bieten!
Gedankenwechsel ist vonnöten.

Und was vom Großen vorgelebt,
sich auf den Kleinen überträgt,
denn dessen Stimme ist zu schwach,
wird überhört im großen Krach.

Was du mit Neid und Hass gesät,
soll nun ein Ende haben.
Für Liebe ist es nie zu spät!
Nur sie wird Früchte tragen.

Kunstverständnis

Ein Künstler hat
die Nase zum Riechen,
die Ohren zum Lauschen,
Augen für Farben und Formen,
zum Fühlen nicht nur die Hände,
sondern auch Haut am ganzen Körper.

Von Kunst
brauchst du mir nichts vorzumalen,
wenn du noch nie in tiefer Erde
nach Wurzeln gegraben hast
und nur von der Blüte schwärmst.

Le Coq – L'Autorité
oder
Es reicht für alle!

Der Schweiß trieft ihnen von der Stirn,
den Menschen hinterm Fließband.
Sie arbeiten bei Tag und Nacht,
die Schicht hat sie kaputt gemacht.

Die Freizeit, die sie haben,
die können sie vergessen.
Sie können nicht weit fahren.

Dort – hinter dieser hohen Mauer –
gedeihen goldne Früchte.
In seinem Stall der Hahn
bald an den feinsten Körnchen erstickt.
Wie glanzvoll ihn doch sein Gefieder schmückt!

Doch ohne seinen Flaum,
nackt und gebraten,
am Tisch verteilt,
zergeht er auf der Zunge
und stillt den hungrigen Magen.

Musik

Vivaldi
und ein warmer Bauch,
ein Kopf im Nebel,
im Rausch.

Wie schrecklich,
wie schön,
wie erfüllend,
nur dieses Gefühl zu haben.

Der Traum gehört dazu

Wenn Träume in der Nacht dich quälen,
von Leid, Gefahr und Not erzählen,
dich an den Rand der Grenzen führen,
so woll'n sie nur dein ICH berühren.

Was du am Tag geschickt verdrängst,
als wertlos an den Nagel hängst,
das fordert ein mit stiller Macht
Gerechtigkeit tief in der Nacht.

Du wirst geführt in dunkle Ecken,
wo üble Geister dich erschrecken,
verlierst den Halt und fällst – schlägst auf,
ein Dämon setzt sich noch darauf.

Bist wie gelähmt, kannst dich nicht regen.
Ach, könntest du nur was bewegen,
das dich aus diesem Unglück zieht,
die Last von deinen Schultern schiebt.

Der Krähen Ruf dringt laut mit Hohn.
Verkündet er das Ende schon?
Das Krächzen scheint gar immer kecker –
Klingt so nicht auch dein alter Wecker?

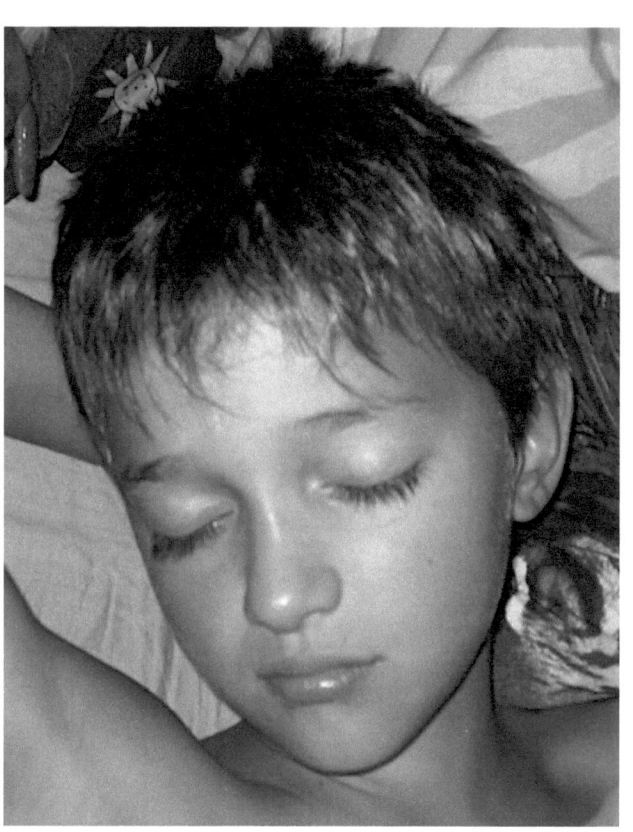

Du fühlst den Schweiß auf deiner Stirn,
vertreibst den Spuk aus deinem Hirn.
Doch fehlt die Freude beim Erwachen.
Wie gestern gibt's heut nichts zum Lachen.

Jetzt liegt erst Arbeit vor der Tür …
Dein DU verlangt: »Ich will zu mir!«
Hol ihn zurück, den Film im Schlaf:
Er zeigt dir, was die Seele traf.

Zerlegst du diese dunklen Bilder,
verwandeln diese sich in Schilder,
die du vielleicht verstehen magst,
wenn du dein Tun und Denken fragst.

Denn die Geschichten in der Nacht,
scheinbar als irrealer Traum gebracht,
sind Wirklichkeit und Wahrheit pur –
dagegen stellt der Kopf sich stur.

Reales lebt nicht nur am Tag,
wo dein Verstand ihm folgen mag.
Drum schließ mit ein des Schlafes Reise,
dass sie zur Wahrheit führt dich weise.

Das wahre Glück

Klein und rein kommst du zur Welt,
die Päckchen sind für dich bestellt:

Wimmern, weinen, kotzen,
immer über and're motzen.
Immer »Ja«, wo's gar nicht passt,
denn ein »Nein« macht dich verhasst.
Gute Noten, die dich ehren,
den heiß ersehnten Job bescheren,
und schlechte, die dich so frustrieren –
mehr gibt es wohl nicht zu verlieren.
Egal, wo du auch hingekommen,
scheint dir das Glück davongeschwommen.

Bei mir?
Wie kann das sein?
Der Lauf ist gut …
und doch fehlt's mir an Lebensmut.
Durch Kämpfen finde ich den Sieg –
oh Schreck! Das klingt ja ganz nach Krieg!
Und was im Kleinen schon geschieht,
sich oft zum Großen hin verzieht …

Will mich bemühen, Stück für Stück,
zu stoßen auf das wahre Glück:

So tragen mich die Beine
aufopfernd in Vereine.
Doch ach, die Welt, die ist nicht gut,
sie zapft mir noch mein letztes Blut!
So werde ich nur spenden
für Waffen in Kinderhänden.

Ach nee, das lass ich lieber sein,
werd meine Freunde nur erfreu'n.
Die freuen sich gar sehr,
ich schenk ja reichlich her.
Denn Lieben heißt auch geben,
solange man noch hat,
und gibt's nichts mehr zum Nehmen,
dann ist die Freundschaft satt!

Soll einer das verstehen,
was das bedeuten soll,
zu gehen auf den Wegen
mit diesem hohen Zoll?

Von Trübsal tief beladen,
schau ich mich einmal um –
es scheint ein Wink der Gnade,
dies zieht als »Krankheit« rum.
Jetzt bin ich nicht alleine
und sitze fest im Schoß –
nun hab ich endlich Freunde
wie mich – den Trauerkloß.

Im Mitleid sich erquicken
Kann's doch zuletzt nicht sein!
Ich suche noch nach Brücken
zum Tor des Glücks hinein …

Und soll ich euch was sagen?
Es gibt sie, diese Tür!
Und ohne viel zu fragen,
gelangst du ganz zu dir:

Du musst dir nur erlauben,
klein und rein zu sein,
so wie am ersten Tage,
als du begannst zu schrein.
Du fühltest dieses Leben,
so nackt, wie du noch warst!

Und all die Päckchen eben,
an denen du zerbarst,
waren in gut gemeinter Fülle
nur des wahren Glückes Hülle.

So geh zu dir!
Es ist nicht schwer.
Lass alle Hüllen fallen ...
Und bist du klein, so wirst du groß
in einem Saal empfangen:

Unendlich weit
und nun für dich bereit,
hielt er zurück
dein wahres Glück!

Trauer zulassen

Alles vertrocknet
am Boden
und kahl,
erfroren.
Bis zum Himmel
schreit mein Blut.

Verschwiegen und düster
denke ich nach
über das Grau in der Ferne,
das einzelne Blatt,
den hungrigen Vogel

und fühle mich selbst.

Spiegelbild und Badewanne

Du stehst nackt vor einem Spiegel –
und gefällst dir nicht?

»Schon lange nicht mehr beim Friseur gewesen«
»Jetzt schon ein kleines Doppelkinn«
»Hier wieder so ein blöder Pickel«
»Zu blass die Haut«
»Die Brust hatte auch schon mal bessere Tage«
»Und erst … naja, diese eingebauten Schokoriegel«
»Aber auf ein Bierchen am Abend verzichten?«
»Und weiter unten sieht's auch nicht mehr
gerade verführerisch aus …«
»Da war auch schon mal mehr Spannung drin«
»Dann noch diese wilden Landkarten
auf diesen staksigen, unrasierten O-Beinen …

». . . . . ach . . . .«

So, und jetzt lege dich doch einmal
in warmes Badewannenwasser
oder stelle dich
unter eine warme Dusche
… und schließe die Augen …

Diese Wärme tut dir gut … oder nicht?
Jedenfalls spürst du sie
an deinen Armen, deinen Händen … überall.
Du spürst das Pulsieren des Lebens in dir,
sogar bis in die kleinen Zehen.

Genieße diesen Moment!

Du kannst dieses Leben
bis in deine Haarspitzen verfolgen,
und es wird sich wie ein sanfter, schützender Film
über deinen ganzen Körper ausbreiten.

Du bewegst dich nicht,
verharrst in der wohltuenden Stille,
und spürst auf einmal,
wie dich etwas liebevoll streichelt.

Das bist du selbst!

Und jetzt stelle dich noch einmal vor den Spiegel …

Lebenslauf

Viele laufen,
als würden sie um ihr Leben laufen
und nicht mit ihrem Leben.

So bringen sie sich meistens um ihr Leben,
ohne sich umzubringen.

Sie werden immer schneller
atemlos hasten sie
auf der Suche nach dem Sinn –
und sind
doch schon mittendrin
im Leben, am Puls der unendlichen Zeit.

Wozu also noch um die Zeit laufen?
Mit wem?
Wohin?

Transzendenz

Ich sitze auf einer Wiese
mit vielen bunten Blumen
und dem emsigen Krabbeln der Insekten
entlang der Halme und auf den Blüten.
Ich genieße die Farben, Düfte
und die im Wind sich wiegenden Köpfe der Gräser und Blumen.
Ich sitze hier und will zu mir reisen –
doch wo und wie finde ich mich in diesem Meer?

Ein Adler
gleitet hoch über mir in der Luft.
Er bewegt sich so leicht,
so geschmeidig,
so kraftvoll,
so schön.
Ich bewundere ihn,
bewundere seine ungetrübte Freiheit,
denn er kennt keinen Feind und keine Angst.

Und während ich ihm nachschaue,
scheine ich noch fest verwurzelt am Boden.
Ich habe zu wissen,
dass ich kein Adler sein kann ... so schön wie dieser.
Man sagt »Mensch« zu mir ... Warum?

Und während ich mich bemühe, darüber nachzudenken,
werde ich immer wieder abgelenkt,
einfach nur auf das Blütenmeer
um mich herum zu schauen.
Ich ziehe den Duft ein,
spüre den Wind auf der Haut
und werde von ihm immer höher
über die Wiese getragen,
als ob ich Flügel hätte ...

Und ich sehe von oben
einen Menschen auf einer Wiese sitzend,
der scheinbar gedankenverloren
um sich herum in ein Meer aus Blüten starrt.

Fallen dürfen

Ich möchte fallen,
doch ich weiß nicht
wohin.

Ich möchte sicher sein.
Worin?

In meinen Träumen
falle ich tief,
bin ich nicht allein,
verliere ich mich,
halte mich fest – an mir,
bin ich ganz ich.

Zu schnelle
kleine unsichere Schritte
am Tag
lassen mich stolpern,
hinfallen,
und keiner fängt mich auf.

Krankheit und Genesung

Für Krankheit hast du keine Zeit,
und wer denkt schon ans Sterben?
Wenn Leben bunte Blüten treibt,
will jeder noch was erben.

Doch wer sieht schon den Lebenspfad
vom Anfang bis zum Ende?
Das Schicksal fesselt Tag für Tag
den Wunschengeln die Hände.

Wer weiß, was heute dir geschieht,
geht es dir noch so gut,
man morgen dich im Rollstuhl schiebt,
zu plötzlich kommt der Tod.

Das gute Geld, falsch investiert,
treibt dich in den Ruin.
Bis jetzt lebtest du ungeniert,
in Scham kriechst du dahin.

Auch Altern wird gar gern verdrängt,
nur Jugend scheint was wert.
Doch ist, was uns das Leben schenkt,
Erfahrung, die uns lehrt.

Für jeden Bettler, den du triffst,
halt ein paar Cent bereit.
Dein gutes Herz er nie vergisst,
von Habsucht dich befreit.

Gib kranken Menschen liebevoll
dein Mitgefühl und Kraft.
Und ist das Leben noch so toll,
ist's Zeit, die Freuden schafft.

Ein Herz, das nicht mehr leiden mag,
versuche zu erweichen,
und wenn die Leidenschaft es plagt,
tu ihm die Hände reichen.

Bedenke, du stehst allezeit
mit einem Bein im Grab.
Nur allzu schnell ist's Glück bereit,
dass es dich nicht mehr mag.

Drum mögest du gern teilen,
was Gutes dir beschert.
Sehr schnell kann dich ereilen
des Undanks dunkles Schwert.

Ein Armer fühlt wie du,
der Lahme würd' gern gehn.
So schlag die Tür nicht zu,
sieh hin und bleibe stehn!

Und alles, was du geben kannst,
das kommt der Liebe gleich,
dich hinter Mauern nicht verschanzt,
ja, dann erst bist du reich.

Langsam sterben

Wieder am Fenster
hinter Glas,
die Füße am Ofen
und doch ist mir kalt
hinter Glas
drinnen,
weil ich will
und nicht darf.

Träumen
in einer unfassbaren,
unaufhaltsamen Zeit,
immer wieder am Fenster,
bis sie vorbeigegangen ist.

Wehrlos

Mitten in der Nacht fühlt sie sich nicht wohl,
steht auf und setzt sich auf den Küchenstuhl.
Sie kämpft mit der Angst, ringt um die Luft.
Ist's schon der Tod, der nach ihr ruft?

Seit Jahren schon lebt er von Hartz IV,
kaum Geld, sich zu pflegen, der Kühlschrank fast leer.
Was andere sehn, ist ein Penner auf der Bank,
und keiner kriegt mit, er hat Zucker, ist krank.

Und was denkst du, wenn dir der Atem vergeht,
weil ein Mensch, der schlecht riecht, plötzlich neben dir steht?
»Kann der sich nicht waschen,
nicht den Mund richtig pflegen?«
Doch für ihn wird es keine Ersatzniere geben!

Ein Sprung in den See ward ihm zum Verhängnis,
nun rollt er dahin in seinem Gefängnis.
Was würde er geben, könnte er wieder gehen,
aber das wollen, die gehen können, nicht sehen.

Den Kindern schmiert sie am Morgen ein Brot.
Ein Blitz durchfährt sie, sie kippt aus dem Lot.
Sie fällt, schlägt um sich und wird gar zum Tier,
das Gedächtnis schwindet – jedoch nicht die Kinder
– weinend an der Tür.

Im Radio lauscht sie versonnen dem Klang,
sie fährt die Landstraße entlang.
Auf ihrer Seite – das kann doch nicht …
rauscht ein Laster in sie rein.

Sie sieht ihren Film, das Licht geht aus.
Ein Hubschrauber fliegt sie ins Krankenhaus.
Mit viel Geld und Geschick holt man sie zurück,
doch nicht, was sie braucht zum Lebensglück.

Zwei Liebende wünschen ein neues Leben,
doch alle Versuche schlagen daneben.
Die Bio-Uhr tickt, wer ist wohl dran schuld?
Im Frust weicht die Liebe, erst recht die Geduld.

Ein anderes Paar trifft es doppelt so schwer:
das Kinderzimmer ist nun wieder leer.
Das Glück war viel zu rasch zerronnen,
zu schnell hat der Tod den Säugling genommen.

Wer kann klein und allein zwei Monster besiegen?
Sie schlagen und treten, lassen einfach so liegen
und sind im eignen Schmerz sich nicht mal im Klaren,
dass auch sie einst klein und hilflos waren.

Von all den Geschichten gibt's noch mehr zu erzählen.
Was soll die Gesunden ich weiter hier quälen?

Doch wer selbst den Tod nie grinsen sah,
verspürte den Drang nach Luft nie so nah,
ohne Zucker im Blut auf der Bank fast erfror,
kam dreimal die Woche an ein dickes Rohr,
noch nie mit seinem Rolli musst' kämpfen,
auf dem Boden sich wand mit übelsten Krämpfen,
nie mehr alleine konnte sitzen,
ohne dass ein Korsett musste stützen,
wer noch nie taub oder blind gewesen,
weil manche Nerven eben nie mehr genesen,
wer niemals neues Leben konnt' schenken
oder sich für Behinderte musste verrenken,

den möcht' ich nur bitten, dass er die Augen aufmacht,
seine Gedanken und Worte wählt mit Bedacht,
denn wie schnell kann ein Urteil sich plötzlich kehren,
und dann kann der Betreffende sich auch nicht mehr wehren!

WOLKENBRUCH

WOLKEN
    WIRBELN
        WAHNSINNIG
            WUTENTBRANNT
        WARUM?

WEIL
    WIR
        WIDER
            WILLEN
                WEGE
                    WANDERN
                WODURCH
            WELTEN
          WEICHEN
      WANZEN
WACHSEN
    WÄNDE
        WACKELN
          WORTE
            WINSELND
                WELKEN.

AUFBRUCH UND ABSTURZ

AM
    ABEND
        ALLE
            ARBEIT
                ABGELEGT
                    ARMSELIG
                        AUSGELAUGT
                            ABGESCHLAFFT.
AM
    ANFANG
        ALLES
            AHNEND
                ANGETASTET
                    ANGEFASST
                        ANGEBOTENES
                          ANGENOMMEN
                            AUFGEBROCHEN.
ARMUT
    AUFGEGEBEN
        ANMUT
            ABGEKLUNGEN
                ARROGANT
                    ANLÜGEND
                      AEUSSERLICH
                        ATEMBERAUBEND –

ABGESTORBEN.

Ich sucht sacht Sicht

Nicht immer sacht sucht das ICH,
denn seicht sein steigert nicht die Sicht.
Sich seiner Sache nie sicher –
woher auch ?
Siecht es an manchen Tagen nur dahin,
mag suchen hierin seinen Sinn.
Und drängt die Sucht das ICH zu sehr,
verliert's an Weit-Sicht noch viel mehr.

Nur mittendrin bei sachter Sucht
Schlägt ein die Sicht mit ganzer Wucht!

24. – 26. Dezember

Fällt der Himmel tief ins Grau,
dann leuchtet meine Kerze.
Sie zeigt mir,
was in einem Jahr
die Welt nicht bieten mag:

Das Fest –
es soll die Zeit der Liebe
und des Frohsinns sein –
verbirgt so manche Schatten,
die um uns kreisen und zum Schein,
in Päckchen hübsch verziert,
die Ruhe euch gestatten.

Sie geht vorbei
die fromme Heuchelei
für Menschen,
die sich das ganze Jahr nicht kennen
und die sich erst an jenem Tag
auch mal der anderen besinnen.